Buchers Miniaturen Band 44

Buchers Miniaturen

Griechenland

in Dichtung und Farbaufnahmen

VERLAG C. J. BUCHER
LUZERN UND FRANKFURT/M

*Einführung und Zusammenstellung der Texte:
Xaver Schnieper*

© *1979 by Verlag C. J. Bucher
Luzern und Frankfurt/M
Alle Rechte vorbehalten
Printed 1979 in Switzerland
ISBN 3 7658 0258 1*

Vier Millionen Ausländer, darunter sehr viele Menschen aus deutschsprachigen Ländern, besuchen jährlich Griechenland. «Hellas ewig unsere Liebe!» Stichwort des Dichters.

Diese Liebe zu «Hellas» – seit alters griechische Bezeichnung für Griechenland – hat vielschichtige Ursachen: Südlandsehnsucht, sinnenerweckende Sonne, weißleuchtender Sand und dunkelblaues Meer. Verschwiegene Buchten und einsame Inseln. Traumerfüllte Zufluchtsorte für Liebende. Eingebettet in die sonnen-erdörrte Landschaft die Trümmer der europäischen Lebensquellen: Theater-, Palast- und Tempelruinen, von Schönheit ohnegleichen durchtränkt und umschwebt von lichtdurchfluteter Melancholie. Dann abseits der lärmigen Touristenzentren das dörfliche und bäuerliche Griechenland, wo seit den Tagen Homers die Zeit stillgestanden scheint und der fremde Besucher noch als geehrter «Xenos», als «Gastfreund» willkommen ist.

Man muß sich bewußt sein, daß jeder Nicht-Grieche dieses Land auf seine ganz persönliche Art empfindet, erlebt und deutet. Die deutschen Klassiker, allen voran Herder, Goethe, Schiller, Hölderlin, die den Boden Hellas', damals unter grausamer türkischer Besetzung, nie betreten konnten, haben «das Land der Griechen mit der Seele gesucht.» Inspiriert wurden sie

von Johann Winckelmann, dessen schöpferischer Genius als erster die «edle Einfalt und stille Grösse» der griechischen Kunst erkannt hat.
Menschen unseres Jahrhunderts haben Vergangenheit und Gegenwart Griechenlands als sich gegenseitig durchdringende Einheit in der Vielfalt erschaut und uns für die Allgegenwart des antiken Geistes und antiker Lebensformen in den heutigen Griechen sensibel gemacht. Aus der Fülle der Namen seien stellvertretend herausgegriffen: Henry Miller mit seinem Griechenlandbuch «Der Koloß von Maroussi» und Werner Helwig mit seiner Schilderung «Raubfischer in Hellas». Die innere Substanz dieser und vieler anderer ähnlich gearteter Griechenlandvisionen hat der Cineast Jules Dassin in seinem autobiographisch akzentuierten, aber völlig verfremdeten Film «Jamais le Dimanche» verdichtet: Die Begegnung Dassins mit der unbändigen griechischen Schauspielerin Melina Mercouri, die schon seit langem seine Frau ist, wird zu einem von Lebensfülle überschäumenden Filmwerk geformt, in dem der griechische Mensch über den abendländisch-amerikanischen Intellektualismus triumphiert und die Illusionen mancher Griechenlandbesucher durch eine ihres rätselhaften Wesens bewußte Griechin auf unwiderstehliche Art entzaubert werden. Dieser Film verdeutlich bildhaft-sinnlich,

was die Alltagssprache der heutigen Griechen als Geheimnis ihres Bewußtseins verrät: Wenn ein Grieche in den Westen reist, sagt er: «Ich gehe nach Europa», denn Griechenland, Mutterschoß der europäischen Hochkultur, besitzt heute noch für viele Griechen ein Sonderdasein, existiert allein auf sich selbst und auf eine Tradition gestellt, der Europa nichts Gleichwertiges gegenüberstellen kann. Daher die zaubermächtige Fremdheit dieses Landes, die alle Besucher, jeden auf besondere Art, in ahnungsbeladenen Bann zieht.

O luftig leichter Himmel

O luftig leichter Himmel, ganz von Licht
    durchflutet,
die Buchten dort umglänzendes und reines Rund,
Rauchfahnen, die ihr überm Hüttendach ruhtet,
Zypressen, schwarze, Schattenriß auf blauem Grund;

Kephissos' Ölbaumhain, harmonisch Laubgegitter,
das mit dem Wind der Geist des Sophokles bewegt,
zerbrochner Marmor, Tempel, die geschändet bitter,
ihr noch zerstört behütet, was die Zukunft hegt.

Hymettos und Parnes, die ohne Schatten immer
ihr treu bewahrt die Glut, die euren Hang umgibt,
Berg, Bäume, Horizonte, schöne Ufer, Trümmer,
als ich euch wiedersah, wie hab ich euch geliebt!

JEAN MORÉAS

Aus dem Französischen nachgedichtet von Hanneliese Hinderberger

Fest des Lebens

Der gewichtigste Beitrag Griechenlands zur Weltliteratur des 20. Jahrhunderts stammt von Nikos Kazantzakis, der 1883 auf Kreta geboren wurde und 1957 in Freiburg i. Br. starb. Seine sprachlich und thematisch meisterhaften Romane wurden in alle Kultursprachen übersetzt; bei uns wurde er besonders durch «Alexis Sorbas», «Griechische Passion», «Mein Franz von Assisi» und seinen selbstbiographischen Roman «Rechenschaft vor El Greco» bekannt. Sein eigentliches Meisterwerk ist das gewaltige Epos «Odyssee», dessen Verse Gustav A. Conradi ins Deutsche übersetzt hat und die auf seltene Art den Glanz der homerischen Vorlage widerspiegeln. Dieser moderne Odysseus «ist ganz und gar ein Mann unserer Zeit mit seinen Höhen und Tiefen, mit allem Großartigen und Fragwürdigen, allen Hoffnungen und Verzweiflungen, die für das Seelengefüge ... des heutigen Menschen kennzeichnend sind.» Es folgen längere Passagen aus dem Prolog des Epos:

Oh Sonne, großes Ostgestirn, du goldne Haube
    meines Geists,
ich setz dich gern verwegen mir aufs Ohr, zu Spiel
    und Abenteuer.

Solang du glänzt, solange glänz auch ich, und unser
 Herz sei Freude.
Gut deucht uns diese Erde, sie gefällt uns; schwebt
 sich doch, oh Gott,
im lichten Blau wie die gewellte Traube, die sich im
 Sturme wiegt,
und alle luftgen Geister kommen, alle Vögel, um zu
 naschen.
Kommt, laßt uns naschen wie die Vögel, Freunde,
 daß der Geist sich labe.
Und in der großen Kelter zwischen beiden Schläfen
 trete ich
die frischen, saftgen Beeren, bis der wilde Most
 beginnt zu gären,
und sich der Kopf mit Dampf und mit Gelächter
 füllt im klaren Tage.
Wiegt sich die Erd im Sturm, auf Windesflügeln?
 Tanzt der Geist?
Beginnt das Schicksal schon, das dunkeläugige, sein
 trunknes Lied?
Dort oben glänzt des Himmels Sturmgewalt, und
 unter mir mein Leib
spielt wie die Möwe mit dem Wogenwall, vom
 kühlen Schaum erfrischt.
Die Nasenflügel atmen salzge Gischt, und Wog auf
 Woge stürzt

sich über meine Schultern, gleitet fort, und gleitend
   folg ich mit.
Oh Sonne, große Sonne, die du hoch dort wandelnd
   niederschaust,
ich sehe die Piratenmütze, die des großen
   Burgzerstörers;
laßt uns, im Spiel, ihr Tritte geben, daß wir sehn
   wie weit sie sauset!
Zeit, wisse, gehet stets im Kreise, und das Schicksal
   läuft auf Rädern.
Hoch thront des Menschen Geist und läßt sie
   wirbeln frei nach Wohlgefallen.
Die Erde lassen wir, mit einem Schleudertritt,
   hinunterrollen.
Und sieh, im Spiel und im Gelächter und im
   zärtlichglühnden Streicheln
geschieht der Wandel: Steine, Wasser, Feuer, Erde
   werden Geist.
Die erdversunkne, schwere Seele steigt ganz sanft
   empor zum Licht,
wie eine heitre Flamme steigt sie auf und schwindet
   in der Sonne!
Gegessen und getrunken, Kinder, habt ihr festlich
   hier am Strande;
im Tanzen, Lachen, Küssen und im müßigen
   Geplauder ist

das ganze Fest euch aufgegangen und im Fleisch ists
    euch versunken.
Mich reißt jedoch der Festrausch, Fleisch und Wein,
    zu ungeheuren Träumen,
ein Meerlied quillt in mir empor und will, im
    Schwall, mich niederwerfen.
Laßt mich nun singen wie mein Herz begehrt, oh
    Brüder, macht mir Platz!
Oh weh! Das Fest ist weit und groß, jedoch der
    Raum dafür ist klein;
macht Platz, daß ich mich recken kann, gebt
    Atemluft, daß ich nicht platze,
daß ich die Beine werfen kann und frei im Tanz die
    Arme rege
und eure Frauen nicht, die Kinder nicht, verletze in
    dem Taumel.
Nimm die Besonnenheit von mir, oh Gott, daß sich
    die Schläfen öffnen,
daß sich des Geistes Falltürn öffnen und die Welt
    frei atmen kann.
Ihr, die ihr auf der Scholle werkt und Korn einfahrt,
    Ameisenschwarm,
ich schleudre roten Mohn ins Feld, daß er das Land
    ringsum entflamme.
Ihr Mädchen mit den wilden Tauben, die in eurem
    Busen nisten,

ihr tapfren Burschen all, mit schwarzgriffigen
 Schwertern an den Gürteln:
unfruchtbar bleibt der Baum der Erde, blütenlos,
 soviel ihr kämpft.
Doch wartet nur, ich werde sie mit meinem Lied
 zum Blühen bringen!
Werft eure Handwerkszeuge fort, ihr Meister, faltet
 euren Schurz
und schüttelt ab das Joch der Not, die Freiheit ist
 es, die euch ruft.
Die Freiheit, oh ihr Brüder, ist kein Wein, sie ist
 kein süßes Weib,
noch Güter in den Kellern, noch ein Sohn, der in
 der Wiege schläft.
Sie ist ein einsam-stolzes Lied, das fern verklinget in
 den Lüften.
Und ihr, ihr Greise, schreit so laut ihr könnt, daß
 euch die Zähne kommen,
daß wieder schwarz das Haar euch glänzt und jung
 das Hirn zu sprühn beginnt.
Bei Helios schwör ich es und bei der sanften Herrin,
 bei Selene:
das Alter ist ein falscher Traum, der Tod ein
 Phantasiegebild.
Denn alles ist der Seele Werk und des Gedankens
 Frucht und Spiel;

ein leichter Südwind ist die Welt, er bläst und öffnet
  unsre Schläfen.
Aus einem Traumspiel – zart und leicht – ist diese
  unsere Welt geboren.
Laßt uns die Welt mit unserem Sang, laßt sie uns,
  Kinder, neu erobern!

NIKOS KAZANTZAKIS

Aus dem Neugriechischen in deutsche Verse übersetzt von Gustav A. Conradi

Vergeßt nicht mein Land!

Unvorstellbare Sonne der Gerechtigkeit
und ehrende Myrthe du
ich bitte euch ich bitte
vergeßt nicht mein Land!

In meinem Land auf Vulkankraterhöhe
bilden adlerförmige Berge endlose Reihen
und die Häuser noch weißer
in der Nähe des Himmels!

Obwohl es Asiens Spitze antastet
und sich an Europas Anfang lehnt
schwebt das Land weiter
zwischen Lüften und Meeren!

Kein Fremder denkt an dieses Land
Keine Liebe von den Eigenen
nur Trauer ringsumher ja
und das Licht erbarmungslos!

Meine bitteren Hände mit Donner bewaffnet
strecke ich zurück zu alten Zeiten
ich rufe die alten Freunde
mit Drohungen und mit Blut!

Doch all das Blut ist jetzt verdunstet
die Drohungen sind brüchig zerfallen
und zwischen den einen und den anderen
schieben sich die Stürme!

Und ging schwermütig hinaus auf den Balkon,
ich ging hinaus um meine Gedanken zu wechseln,
wenigstens ein wenig geliebte Stadt zu sehen.
Ein bißchen Bewegung auf der Straße und in den
    Läden.

ODYSSEUS ELYTIS

Aus: Axion esti (Sei würdig)

Wir die wir auszogen

Wir die wir auszogen zu dieser Pilgerfahrt
betrachteten die zerbrochenen Statuen
nachdenklich, und sagten uns daß das Leben nicht
    so einfach verloren geht
und der Tod unerforschliche Wege hat
und seine eigne Gerechtigkeit:

daß wenn wir aufrecht auf unseren Füßen sterben
dem Felsen vermählt
geeint in Härte und Hinfälligkeit
die alten Toten dem Kreis des Geschicks entflohen
    sind und auferstanden
lächelnd in einer Ruhe die wundernimmt.

GIORGOS SEFERIS
Aus dem Neugriechischen übersetzt von Christian Enzensberger

Attische Landschaft

Wandrer, spar' den gierigen Blick,
Der hungrig sucht, was hier gedieh:
Von alter Sage kaum die Spur,
Nicht Farbenglut von Tivoli.

Kein brünstig Rot den Sinn beglückt,
Bloß bleicher Umriß Reiz gewährt,
Wenn scharfen Berg ein Tempel schmückt.
– Empfind' und werde selbst verklärt!

Erleb' Natur und Kunst vereint
Geschwisterlich wie Hand in Hand;
Denn Kunst, Natur und Witterung selbst
Sind all in einem Griechenland.

HERMAN MELVILLE

Aus dem Amerikanischen übersetzt von Walter Weber

Griechenland

Hätt ich dich im Schatten der Platanen,
Wo durch Blumen der Cephissus rann,
Wo die Jünglinge sich Ruhm ersannen,
Wo die Herzen Sokrates gewann,
Wo Aspasia durch Myrten wallte,
Wo der brüderlichen Freude Ruf
Aus der lärmenden Agora schallte,
Wo mein Plato Paradiese schuf,

Wo den Frühling Festgesänge würzten,
Wo die Ströme der Begeisterung
Von Minervens heilgem Berge stürzten —
Der Beschützerin zur Huldigung —,
Wo in tausend süßen Dichterstunden,
Wie ein Göttertraum, das Alter schwand,
Hätt ich da, Geliebter! dich gefunden,
Wie vor Jahren dieses Herz dich fand;

Ach! wie anders hätt ich dich umschlungen! —
Marathons Heroen sängst du mir,
Und die schönste der Begeisterungen
Lächelte vom trunknen Auge dir,
Deine Brust verjüngten Siegsgefühle,
Deinen Geist, vom Lorbeerzweig umspielt,
Drückte nicht des Lebens dumpfe Schwüle,
Die so karg der Hauch der Freude kühlt.

Ist der Stern der Liebe dir verschwunden?
Und der Jugend holdes Rosenlicht?
Ach! umtanzt von Hellas' goldnen Stunden,
Fühltest du die Flucht der Jahre nicht,
Ewig, wie der Vesta Flamme, glühte
Mut und Liebe dort in jeder Brust,
Wie die Frucht der Hesperiden, blühte
Ewig dort der Jugend stolze Lust.

Ach! es hätt in jenen bessern Tagen
Nicht umsonst so brüderlich und groß
Für das Volk dein liebend Herz geschlagen,
Dem so gern der Freude Zähre floß! –
Harre nur! sie kömmt gewiß, die Stunde,
Die das Göttliche vom Kerker trennt –
Stirb! du suchst auf diesem Erdenrunde,
Edler Geist! umsonst dein Element.

Attika, die Heldin, ist gefallen;
Wo die alten Göttersöhne ruhn.
Im Ruin der schönen Marmorhallen
Steht der Kranich einsam trauernd nun;
Lächelnd kehrt der holde Frühling wieder,
Doch er findet seine Brüder nie
In Ilissus' heilgem Tale wieder –
Unter Schutt und Dornen schlummern sie.

Mich verlangt ins ferne Land hinüber,
Nach Alcäus und Anakreon,
Und ich schlief' im engen Hause lieber
Bei den Heiligen in Marathon;
Ach! es sei die letzte meiner Tränen,
Die dem lieben Griechenlande rann,
Laßt, o Parzen, laßt die Schere tönen,
Denn mein Herz gehört den Toten an!

FRIEDRICH HÖLDERLIN

Zebekikos in den Bouzoukilokalen

Die griechische Schauspielerin Melina Mercouri wurde durch meisterhafte Filme, vor allem durch «Die griechische Passion» und «Jamais le Dimanche», in der ganzen Welt berühmt. 1971 veröffentlichte sie eine Art Selbstbiographie unter dem Titel «Ich bin als Griechin geboren». Beiläufig lernt der Leser ein ihm größtenteils unbekanntes Griechenland von «innen» her kennen. Zum besseren Verständnis des nachstehenden, ihrem Buch entnommenen Textes sei daran erinnert, daß Melina Mercouri um die Mitte der fünfziger Jahre erstmals eine Filmrolle erhielt, nämlich die der Titelheldin im Film «Stella» des griechisch-zypriotischen Cineasten Michael Cacoyannis. Melina, die schon als Sechzehnjährige aus ihrem großbürgerlichen Elternhause durchgebrannt war, um heimlich einen damals heißgeliebten Mann zu heiraten, berichtet:

Zu jener Zeit galt in Griechenland ein Mädchen, das mit einundzwanzig Jahren noch unverheiratet war, als peinliche Belastung für die Familie, als bedauernswerte alte Jungfer. Das mag übertrieben klingen, ist es aber kaum – also sagen wir, mit zweiundzwanzig. Wer einen Film über ein Mädchen wie Stella drehte, mußte demnach darauf gefaßt sein, heftigen Anstoß zu erregen. Stella ist eine Abtrünnige, ein Mädchen, das grundsätzlich gegen die Ehe ist. Sie liebt einen Mann, ist glücklich, sich ihm hinzugeben, genießt das Leben in seiner Gesellschaft. Er möchte sie heiraten, aber sie hat nicht die geringste Lust dazu. Heirat bedeutet für sie die Aufgabe ihrer Freiheit. Cacoyannis faßte es so zusammen:

«Stella ist lebenslustig und temperamentvoll. Sie ist stolz auf ihren Körper, stolz auf ihre Unabhängigkeit. Sie liebt und sie versteht zu lieben, lehnt aber die übliche Auffassung ab, daß Liebe in den sicheren Hafen der Ehe führen muß. Sie legt auch keinen Wert auf den Segen der Gesellschaft. Alles, was von der Gesellschaft anerkannt wird, ist ihr verdächtig.»
Einige meiner Freunde in Kolograd begannen, mich mit meiner Filmrolle zu identifizieren. Ging ich nicht in die Bouzoukilokale? Angeblich zu Studienzwecken – aber welche Dame besuchte denn solche Kneipen! Nun, ich besuchte sie tatsächlich zu Studienzwecken. Oft war ich dort die einzige Frau. Nacht für Nacht saß ich in diesen Lokalen, hörte erregende Musik und sah die Männer dazu tanzen. Sie tanzten nicht, um etwas vorzuführen, sondern aus einem inneren Bedürfnis heraus. Es war faszinierend. Man sieht einen Mann an einem Tisch sitzen. Er hält die Augen geschlossen, scheint zu lauschen und zu warten. Dann kommt der Augenblick, in dem die Musik ihn von seinem Platz hinweghebt und er zu tanzen anfängt – allein und völlig entrückt, das ist das Wesentliche.
Es geschieht für gewöhnlich zu den Klängen des Zebekikos. Der Zebekikos ist ein Tanz, der keine bestimmten Figuren vorsieht. Er hat einen verhaltenen Rhythmus, der zur inneren Selbstbetrachtung und zur

Improvisation anregt. Er ist ganz und gar auf die eigene Person bezogen. Der Tanzende wird seinem innersten Wesen näher und näher gebracht, bis er zu völligem Alleinsein gelangt. Es ist ein Tanz, der äußerst sinnlich sein kann. Oft liebkost der Tanzende seinen eigenen Körper. Die meiste Zeit über hält er die Augen niedergeschlagen und tanzt auf der Stelle, als würde er von seinem Schwerpunkt festgehalten. Plötzlich aber führt er eine schwingende Bewegung aus, einen Sprung, eine akrobatische Drehung. Es ist, als spräche er: Ich kann aus mir herausbrechen, kann Ketten zerreißen, Säulen umstürzen! Ihr habt mich geduckt, mir Arbeit aufgebürdet, mich zu unterwürfigem Gehorsam gezwungen, die ganze Woche lang. Aber jetzt ist Samstag abend, und ich bin frei. Ich fühle meinen Körper. Ich spüre meine Kraft. Stoßt mich nicht herum!

MELINA MERCOURI

Anmut und goldene Fülle

Die Antike bezeichnete die um 650 v. Chr. auf der Insel Lesbos geborene Dichterin als «Zehnte Muse». Ihr lyrisches Werk ist uns nur bruchstückhaft erhalten. Es bezeugt, daß ihre Gedichte und Lieder gefühlsstarke Bekenntnisse eigenen Erlebens sind. Alle Empfindungen des menschlichen Herzens, Glückserfüllung, Sehnsucht, Herzensnot der Liebe und verhaltene Leidenschaft bilden die ineinander verwirkten Grundmelodien ihrer eindringlichen Lyrik, in der sich nicht nur das Lebensgefühl einer Frau des griechischen Altertums, sondern ebensosehr das einer heutigen Frau ausspricht.

Schon ist meine Haut
    allüberall
        faltig erschlafft vor Alter.

Mein blauschwarzes Haar
    hat sich schon in
        weißes Gesträhn verwandelt.

Die Hände sind schwach,
    schwächer die Knie,
        die mich nicht tragen wollen.

Ich kann mich nicht mehr
    tanzenden Schritts
        unter den Mädchen regen,

den Hindinnen gleich
    abends im Hain.
        Aber was soll ich machen?

Ein sterblicher Mensch
    darf sich ja nicht
        ewig der Jugend freuen.

Sie singen ein Lied,
    Eos zumal
        hab es erfahren müssen,

die heimlich bis ans
    Ende der Welt
        einst den Tithonos führte,

den jungen. Doch kam
    auch über ihn
        traurig das Greisenalter.

Und nun, da er sich
    nicht mehr zur Nacht
        liebend der zarten Gattin

zu nahen vermag,
    glaubt er, ihm sei
        jegliches Glück geschwunden.

So fleht er zu Zeus,
    daß er den Tod
        bald ihm gewähren möge.

Mich aber verlangts
    immer noch nach
        Anmut und goldner Fülle.

Dies Herrliche hat
    stets mich umglänzt,
        weil ich die Sonne liebe.

SAPPHO VON MYTILENE
Aus dem Altgriechischen nachgedichtet von Manfred Hausmann

Lesbos

Mutter latinischer spiele und griechischer wonnen,
Lesbos wo küsse bald freudig bald schmachtend
    gelind
Frisch wie die reifen pasteken und heiss wie die
    sonnen
Zierde der ruhmvollen tage und nächte sind.
Mutter latinischer spiele und griechischer wonnen!

Lesbos wo küsse wie wasser des wildbaches schnellen
Der ohne bangen in grundlose schluchten lief,
Dann sich windet in pochenden schluchzenden
    wellen
Stürmisch und heimlich emsig wimmelnd und tief,
Lesbos wo küsse wie wasser des wildbaches
    schnellen.

Lesbos wo sich die Phrynen einander begehren,
Wo noch kein seufzer der antwort entbehrend
    verrann,
Du die nicht minder wie Paphos die sterne verehren
Wo die Venus die Sappho beneiden kann.
Lesbos wo sich die Phrynen einander begehren.

Lesbos du erde der heissen erschlaffenden nächte!
Mädchen vor ihren spiegeln – o heillose sucht –
Hohlen auges verleitet durch heimliche mächte
Spielen mit ihres frauentums reifender frucht,
Lesbos du erde der heissen erschlaffenden nächte.

Möge des alten Plato strenge sich stossen!
Dir wird verziehn durch der küsse unendliche zahl,
Herrin von milden gebieten von lieblichen grossen
Und von beständiger freuden verfeinerter wahl.
Möge des alten Plato strenge sich stossen!

34

Dir wird verzeihung auf grund deiner ewigen qualen
Fürder strebenden geistern als strafe geschickt,
Ferne von uns verlocken sie lächelnde strahlen
Traumhaft am horizont anderer himmel erblickt
Dir wird verzeihung auf grund deiner ewigen qualen.

Wer von den göttern o Lesbos wagt dich zu richten
Und wer verurteilt dein mühegebleichtes gesicht
Eh er die sintflut erwogen mit goldnen gewichten
Die aus tränen bestehend zum meere bricht?
Wer von den göttern o Lesbos wagt dich zu richten?

Was bedeuten die sätze des guten und schlechten?
Hehre mädchen, ihr zierde der inselwelt,
Euer glaube ist einer der großen und echten,
Liebe hat himmel und hölle in schatten gestellt.
Was bedeuten die sätze des guten und schlechten?

Um das geheimnis der knospenden mädchen zu
    singen
Hatte mich Lesbos auf erden vor allen bestimmt,
Mich schon von kind auf bekannt mit den finsteren
    dingen
Heller gelächter drin schmerzliche träne schwimmt –
Um das geheimnis der knospenden mädchen zu
    singen.

Seitdem seh ich hinaus am leukadischen riffe
Wie ein posten mit sichrer durchdringender schau
Täglich und nächtig auf böte und kähne und schiffe,
Ihre gestalten erzittern von weitem im blau.
Seitdem seh ich hinaus am leukadischen riffe

Um zu erfahren des meeres nachsicht und milde.
Und unter seufzern am dröhnenden klippenring
Landest du auf des vergebenden Lesbos gefilde,
Angebetete leiche der Sappho die ging
Um zu erfahren des meeres nachsicht und milde!

Sappho, die männliche, liebende seele und dichter,
Schöner als Venus durch tödlicher blässe schein,
Blaues auge besiegten unheimliche lichter
In einem düsteren kreise gerieft von der pein.
Sapphos, der männlichen, liebende seele und dichter.

Schöner als Venus sich über der erde erhebend
Hat sie mit heiteren sinnes schätzen beglückt,
Mit ihrer blonden jugend strahlen belebend
Greisen Okeanos den seine Tochter entzückt,
Schöner als Venus sich über der erde erhebend.

Sappho, am tag ihrer lästerung beute der toten,
Als sie durchbrach des erfundenen brauches gewalt

Und ihre schönheit zur äussersten ernte erboten
Rohem arm der mit hochmut das opfer vergalt
Sapphos, am tag ihrer lästerung beute der toten.

Seit jener Stunde ergeht sich Lesbos in klagen,
Trotz aller ehren die ihm nun das weltall erzeigt
Lauscht er bei tag und bei nacht dem getöse der
    plagen
Das von den öden gestaden den himmel ersteigt,
Seit jener stunde ergeht sich Lesbos in klagen.

CHARLES BAUDELAIRE
Aus dem Französischen nachgedichtet von Stefan George

Delos

In Delos wurde Apoll geboren; von hier aus ging das Licht über die Welt.
Delos war Bethlehem ... ein winziges Eiland, von Poseidon mit riesigen Balken am Grunde des Meeres verankert. Delos war heiliger Boden. Wallfahrtsort und Sühnplatz, Einsiedeln und Lourdes, Jerusalem und Rom zugleich.
In Delos fand die von Land zu Land gejagte Leto Hilfe und Zuflucht. An eine Palme gelehnt, gebar sie die Zwillinge – Apoll, den Herrn des Lichts, und Arte-

mis, die auf den Bergen jagt und den Frauen die Wehen bringt.

Apollon galten die Spiele, zu denen man in jedem fünften Jahr aus Griechenland kam – fromme Spiele, an denen Mädchen und Jünglinge den Tanz der Kraniche tanzten.

Niemand durfte getötet werden, solange die Wallfahrerschiffe unterwegs waren. Auch Sokrates konnte den Schierlingsbecher erst trinken, als die athenischen Boote wieder am Piräus vor Anker lagen.

Niemand durfte auf Delos sterben, niemand dort geboren werden. Denn Verwandlung und Alter, Verfall und Siechtum beleidigt den Gott.

Auch heute ist die Insel bis auf einen Wächter unbewohnt. Die Händler, die ihre Ware in kleinen Körben feilbieten, wohnen auf der Nachbarinsel Rheneia, und die Schiffe ankern im offenen Meer oder fahren nach Mykonos weiter.

Die Fahrt von Mykonos nach Delos dauert nicht ganz eine Stunde; aber in Wahrheit ist es ein Weg, der über Jahrtausende führt. Ein Weg von heute nach gestern. Ein Abschied von Menschen, ein Weg zu Gräsern und Steinen. Vielleicht eine Reise in den Tod, gewiß ein Aufbruch in die Wüste.

WALTER JENS

Ithaka

Wenn du zur Fahrt aufbrichst nach Ithaka,
So bete, daß ein weiter Weg es werde
Voller Umschwünge, voller Einsichten.
Die Laistrygonen oder die Kyklopen,
Den zornigen Poseidon fürchte nicht,
Dergleichen triffst du nie auf deinem Weg,
Solang dein Denken hoch bleibt und erlesne
Erregung dir an Geist und Körper rührt.
Den Laistrygonen oder den Kyklopen,
Dem wütigen Poseidon wirst du nicht begegnen,
Wenn du sie nicht in deiner Seele schleppst,
Wenn deine Seele sie nicht vor dich stellt.

So bete, daß ein weiter Weg es werde.
Mögen der Sommermorgen viele sein,
Wo du – oh wie mit Dank, oh wie mit Freude! –
Einfährst in Häfen, die du siehst zum ersten Mal.
Mögest du halten an den Handelsplätzen
Phönikiens und die schöne Ware kaufen:
Perlmutter und Korallen, Ebenholz und Amber
Und jeder Art erregende Duftflüssigkeit,
Je reichlicher du kannst, erregende Duftflüssigkeit.
Mögest du gehn in viele Städte nach Ägyptenland,
Damit du lernst – und lernst von Eingeweihten.

Behalte stetig Ithaka in deinem Geist.
Die Ankunft dort ist deine Vorbestimmung.
Doch haste mit der Reise nimmermehr.
Besser, sie daure vieler Jahre Lauf,
Und auf der Insel ankerst du als Greis,
An allem reich, was auf dem Wege du erwarbst,
Niemals erwartend, daß dir Reichtum schenke
    Ithaka.

Ithaka schenkte dir die schöne Reise.
Zu ihm allein bist du hinausgefahren.
Verlange andre Gaben nicht von ihm.

Findest du's arm, Ithaka trog dich nicht,
So weise, wie du wurdest, so erfahren,
Erkanntest du nun wohl, was Inseln Ithaka
    bedeuten.

KONSTANTIN KAVAFIS

Aus dem Neugriechischen übersetzt von Helmut von den Steinen

Das Orakel von Delphoi

Vom Wesen der griechischen Orakel ist schon deshalb nicht leicht zu sprechen, weil das bei weitem bekannteste derselben, Delphoi, eine in jeder Beziehung ganz abnorme Ausbildung erreicht hat. Delphoi war in seiner Blütezeit ein höchst eigentümliches Lebensorgan der griechischen Nation geworden, d. h. es wirkte so sehr auf dieselbe und empfing von ihr solche Rückwirkungen, daß beide das eine ohne das andere kaum zu denken sind. Den Betrachtenden scheint es bald mehr, daß geistige Quellen vom Parnaß niederströmen auf ganz Hellas hinab, bald mehr, daß Wellenschläge des griechischen Geistes von Küsten und Tälern empordringen bis an das Felsgebirge mit dem doppelten Haupt. Nicht nur haben die Fragen der Griechen aus diesem Orakel erst mit der Zeit gemacht, was es zum Unterschied von den andern Orakeln wurde, sondern alles, was die Nation sonst noch auf das stärkste bewegte, hat sie um dieses Heiligtum versammelt: ihre Wettkämpfe, ihr Denken, ihre Poesie und ihre hohe Kunst in Gestalt von Weihgeschenken, wie sie anderswo kaum wieder beisammen waren.

JACOB BURCKHARDT

Weinlese

Schwarze Trauben erst in Körben
Bringen Jünglinge und Mädchen
Auf den Schultern hergetragen.
In die Kelter aber schütten
Jene sie sofort und lösen
Nun den Most, die Beeren tretend.
Hoch erschallt das Lob des Gottes,
Hoch in lauten Kelterliedern,
Während sie den jungen Bakchos
In der Tonne brausen sehen.
Und der Greis, wenn er ihn trinket,
Tanzet er auf wanken Füßen,
Daß die Silberlocken beben;
Und der junge, schöne Bursche
Überschleicht im Rausch ein Mädchen,
Das, dem schweren Schlummer weichend,
Seinen zarten Leib im Schatten
Grüner Blätter hingegossen,
Reizet es, die höchsten Rechte
Hymens keck vorauszunehmen.
Denn zu wilden Taten lockt der
Trunkne Gott das junge Völkchen.

Anonymer ANAKREONTIKER *(zwischen 500 und 400 v. Chr.)*
Aus dem Altgriechischen nachgedichtet von Eduard Mörike

In der Kirche

Die Kirche liebe ich – ihre Sechsflügelfalter,
Das Silber der Gefäße, ihre Kerzenhalter,
Die Lichte, ihre Ikone, Kanzel und Psalter.

Trete ich dort zur Griechenkirche ein
Mit ihrer Weihrauchwolken duftigem Drängen,
Mit hohen Amtes Stimmen und Zusammenklängen
Und mit der Priester majestätischen Aufgängen
Und jeder ihrer Gesten ernstgeschlungnem Tanz
– Sie in Gewänderschmuck von hellstem Glanz –,
Geht hin mein Geist zu großen Ehren unsres
    Stammes,
Zu unsrem Ruhmesalter von Byzanz.

KONSTANTIN KAVAFIS

Aus dem Neugriechischen übersetzt von Helmut von den Steinen

Peloponnesische Abende

I
Hier folgte ich dem Pfad,
hörte Heuschrecken feilen,
des Flusses leichte Füße
betreten kalkgrauen Stein.
Das Licht erlosch über Tagwagen
der Schnecken, Bränden der Bienen,
über warmer, breiter Berge
verwittertem Kegelbau.
Abendfalken sah ich
in der harzdämmrigen Luft
überm Maulbeer am Dreschplatz,
ein Hungerschwert aus Kälte.
Fäll mich, wenn du willst,
solang ich noch Durst bin,
solang ich liebe und Durst bin,
solang eine Hand mir ein Laub ist
und ein Laub noch ein Glück,
greif mich wie einen Waldvogel,
umarm mich nicht kalt.
Bös sind nicht des Todes
schnelle Knabenarme,
bitter nur der Leere
schlaffe Zunge aus Sand.

II
Die Vögel schweigen. Und das Laub
das nie mit dorniger Zunge
sang. Die Bienen, die Käfer,
der Maulwurf in seinen Gängen
schläft. Kein Lufthauch
spielt mit klaren Fingern
in Harfensaiten des Rohrs,
keine Ader in der Nacht
öffnet sich und rinnt, keine
Flötenlaute von springenden,
freien Wassern. Der Fluß
verließ längst seine Steine.
Falken umkreisen in der Nacht
des Berges duftende Brust.
Allein, und fremd. Allein.
Bald ist das Leben vorbei.
Was will da, was willst du mir hier im
Reich der Vollkommenheit
meerkalter, ungeduldiger, leuchtend junger Rufe
    voll
Frühling, voll heiligen Frühlings
in meinen rauhen
Winterästen.

PAUL LA COUR
Aus dem Dänischen übersetzt von Albrecht Leonhardt

Golf von Ägina

Trägt mich ein Traum
In der Bläue vor Sunion,
Schwebe der Spiegelung
In hesperischen Gründen?

Gefels
Der Ferne, grauer Rauch,
Steigt in Triften
Lächelnd zur Landschaft

Muldigen Himmels, enzianenen Tals,
Unsichtbar rinnen die Bäche,
Azur füllt dunkel
Zerflossenen Golf.

Mir von der Hand
Träuft Kristall, und sanft nur von Salz,
Von Bläue nicht
Trocknet der lässige Arm.

Und den Grund seh ich dämmern,
Fliesen Poseidons,
Schattig von Schwamm und in Kühle
Lockiger Wasser gewölkt.

Geistert hellenischer Herbst,
Laub der Statuen tief
In dem Schlafe von Schlamm,
Und ist Salamis

Unten,
Galeerenheer, offen
Dunkeln die Münder
Der Toten?

Thebanischer Sonntag
Blüht, mit Gewölke lagernd
Auf Hirtenbergen, bucklig in Schilden
Und heiter von gelben Altären.

Wo bin ich? In der Schwebe
    der Zeit, in der Spiegelung
Blauen Jahrhunderts
Verwirren mich
Innen und Aussen der Welt!

War's im Meer, in dem Schlafe von Kalk,
    und dem Schlaf stieg ein Traum
Von Pinien und Kränzen, die Küsten blühten
Perikleischen Marmor
Eine Länge Traum?

Wie von Traum
Schleppt der Tag
Noch die Trauer hesperischer
Trümmer.

ALBIN ZOLLINGER

Jonisch

Weil wir zerschlugen ihre Weihebilder,
Weil wir aus ihren Tempeln sie vertrieben,
Wahrlich starben die Götter darum nicht.
Oh Erde Joniens, dich lieben sie immer,
Deiner gedenken ihre Seelen immer.
Wenn über dir ein augustischer Morgen tagt,
Durchfährt deinen Dunstkreis Schauer aus ihrem
    Leben,
Und manchmal eine ephebische Äthergestalt,
Unfaßbar, mit eiligem Reiseschritt,
Fährt hoch über deinen Hügeln hin.

KONSTANTIN KAVAFIS
Aus dem Neugriechischen übersetzt von Helmut von den Steinen

Sunion

Wer je auf dunkelblauem Meere fuhr,
Genoß wohl oftmals Schönes, möcht' ich wähnen:
Die frische, kühle Luft in der Natur!
Das stolze Schiff, des Segels weiße Mähnen,
Versehn mit Mast und Tau und kleinen Kähnen,
Das schmucke Schönfahrsegel ausgespannt,
Der Deckungsschiffe Zug gleich wilden Schwänen,
Der trägste Seemann fühlt sich neu ermannt,
Wird kräuselnd rings das Schiff vom Wellenschaum
 berannt!

Und doch wie schön bist du in deinem Weh,
Gottgleicher Menschen, toter Götter Land!
Der Täler Immergrün, der Berge Schnee
Verkündet, wie Natur dir zugewandt;
Doch deiner Tempel, Türme Pracht entschwand,
Sich langsam mischend mit dem Heldenstaube,
Der aufgewühlt ward von des Pflügers Hand.
Ein jedes Denkmal dient der Zeit zum Raube:
Flieht alles auch, bleibt doch, was tat der
 Tugendglaube.

Noch ist dein Himmel blau, dein Felsen wild,
Schön sind die Täler und so grün die Auen,

Der Ölbaum reift, als schirm' ihn Pallas' Schild,
Und Honig träuft in des Hymettus Gauen;
Noch sieht man Bienen duftge Zellen bauen,
Die freigebornen Wandrer dieser Höhn;
Noch lange läßt Apoll den Sommer blauen,
Mendelis Marmor glänzend zu erhöhn.
Kunst, Ruhm und Freiheit schwand, doch die
    Natur blieb schön.

Wohin man tritt, alter heilger Grund,
Gemeine Form kann nimmer ihn bezwingen,
Ein Wunderreich liegt in der weiten Rund
Und wahr scheint alles, was die Musen singen;
Bis endlich Qualen uns die Szenen bringen,
Die wir geschaut in Kinderträumen schon.
Wenn deine Tempel auch zu Grunde gingen,
Spricht Berg und Tal doch der Zerstörung Hohn;
Zeit stürzte wohl Athen – doch schont sie
    Marathon.

LORD BYRON
Aus dem Englischen übersetzt von Adolf Böttger

Die griechische Traube

Auch drüben, in Achaias Sonnenfunkeln
Dörrt in der Glut, so blau, wie Hyakinthos
Die Traube und beginnt bereits zu dunkeln.

Von Sonne dörren sie – Rosinentrauben –
Auch drüben auf dem Isthmus, in Korinthos,
Ägina auch, der Insel weißer Tauben.

Ich durfte in Onchestos dunklen Beeren,
Wie Schwalben bläulich schwarz, den Saft
    entsaugen
Und kostete, beschattet von dem hehren
Grabmal Neptuns, den Helikon vor Augen.

GABRIELE D'ANNUNZIO
Aus dem Italienischen übersetzt von Johann Otto von Taube

Griechische Bauernhochzeit

... Wie ein weißes, junges Segelschiff,
das das ganze Stranddorf schiebt
und zum Meer hinunterträgt
zieht die Schwäherschaft die Braut mit sich.
An dem steilen Hange
gleiten aus die frischbeschlagenen Pferde.
Am Wege,
hinter ihren Türen,
auf ihre Stöcke gestützt, schauen die alten Frauen
    ihnen ruhig nach.

Und sieh, das neue Haus, von ferne.
Mit Honig bestreicht seine Schwelle
die Mutter des Bräutigams –
den Granatapfel wirft sie am Türbalken entzwei,
bevor die Braut eintritt.
Die zusammengelegte Matratze jetzt entfaltend,
laß das Schlafgemach von Früchten
überquellen!
Laß den Schleier abgeworfen,
wie die Blüte eines Mandelbaumes niederwehen!

Laß das Bett wie aus Marmor erglänzen
in den Seelen der Neuvermählten!

Oh, die kalten handgewebten Laken
wie Schnee im Märzenmonat!
Oh Sinne, ganz geblendet vor dem weitgeöffneten
    Altar!
Oh Leib, bis in die Nägel eiskalt zu Anfang!
Atem wie von einer Lilie,
die der Nordwind vereiste!
Orangeblüten ins schneeige Licht
eines jungfräulichen Todes gehängt!
Oh, wie die Schlangen nach dem Winter,
von deinem süßen Schlaf erwachende
Jungfräulichkeit!
Und plötzlich, in der Tiefe der Erwartung,
oh Duft von Honigwaben!
Oh, plötzlich, im Gaumen
Atem von Honig!
Luft plötzlich verwehend
wie ein weißer Schleier
vom Knie des Bräutigams!

Schöpfung des Mannes von Anbeginn,
im Worte Gottes!
Von seiner Seite, heimlich genährt,
verkörperte Freude!
Jetzt laß ihn die Hände
wie in reifer Fülle gelben Kornes

ganz in das gelöste Haar eintauchen.
Jetzt laß ihn den tiefen Acker
des schöpferischen Duftes ernten!
Laß die atemreiche Stunde jetzt emporsteigen!
In dem Herzen lasse
jenes neue Lachen
aufspringen – wie die ersten Wellen
auf die Kiesel des Strandes,
wenn der Wind von weither kommt –
wie eine heimliche Harmonie sich breiten,
die Vernunft erschütternd!
Laß es in seiner Seele zersprühen
von der Freude Glut
wie der Lorbeer und das Salz im Feuer! ...

ANGELOS SIKELIANOS

Aus dem Neugriechischen übersetzt von Isidora Rosenthal-Kamarinea

Der 1884 auf der Insel Leukas geborene und 1951 in Athen verstorbene Dichter empfand die Antike lebendig wirksam in der griechischen Gegenwart. Die Antike, das heutige griechische Volkstum und die griechische Landschaft inspirierten Sikelianos, der 1936 die delphischen Feste begründete. Das obige Gedicht ist eine gekürzte Fassung.

Griechischer April

Guten Tag, ihr Menschen! sagte die erste heurige Schwalbe
und baute ihr Nest im Herzen des April,
des griechischen April. O, was alles bringe ich euch aus den heißen Ländern des Südens
auf diesen winzigen Flügeln, zerspaltend
den entsetzlichen Dunstkreis eures Winters!
Eine Sonne, so heiß wie das Blut der Freude
und einen Traum von dem sanften Schlafe des Friedens.
Euch, die ihr tiefbetrübt den Kopf stützt
in eure arbeitslosen Hände,
und zu einem trüben Flusse wurde euer Denken,
bereit, über den ganzen Acker eures Lebens sich zu ergießen,
guten Tag euch!
Ich weiß, wie schwer der heurige Winter war
und alle die Garben der Liebe verbrannten im Frost
der Verzweiflung. Sammeln werde ich dennoch alle
die halberstorbenen Samen eurer Sorge
und werde sie aussäen auf die fruchtbare Erde der griechischen Güte.

Ich sehe das Grün auf den Wiesen und ich teile eure
 Verlangen nicht.
Das ungesäte Gras eurer Begierden überschwemmt
 die Lande
und alle Brisen der sommerlichen Freude sie wehen.
Guten Tag eurem Schweiße, ihr Bauern!
Ich setze mich nun auf die Hand hier der Hoffnung
und nähre mich von euren Sehnsüchten.
Gebt mir das süße Versprechen der Auferstehung,
daß ich es bringe zu den anderen Vögeln, die da
 warten
über dem Horizonte euer Verlangen,
und ihr werdet den Sturm der Stille sehen
auf dieses kleine Land, der Schwester der
 Unsterblichkeit.

Guten Tag den Straßen eurer Dörfer, die parallel
 geworden
wie einfache Notenlinien, die hinaufführen
eure Wünsche die ganze Leiter der Farbstufen des
 Frühlings!
Ich vermelde den Müttern, den Verliebten und den
 Kindern
den Frühling mit den Lichtern der Hoffnung!
Ich vermelde das Ausschlagen des Ölbaums
und die Geburt des Triptolemos!

Die Mädchen füllten heute ihre Brüste mit der
    Milch des Lebens,
sie tanzen auf den Plätzen das Fest der Astarte,
und alle jungen Burschen, erblüht wie
    Nelkensträucher,
löschen des Priapos Lichter in den Seen des April.
Oh, wie heiß mein Verlangen da aufschoß, daß ich
    verhielte
über eurer leidenden Stunde!
Werd nehmen an der Hand, einen nach dem
    andren,
die Kranken des heurigen Winters,
der einfiel auch in euer Land aus den dunklen
    Himmeln des Nordens,
und werd sie bringen nächst den arkadischen
    Stieren,
daß sie weiden die Kraft der Auferstehung.
Guten Tag, ihr Fischer von Mesolonghi,
    moräatische Bauern,
kalymniotische Schwammsucher, meerumspülte
    Männer der Insel,
athenische Skribenten, Krämer und Taglöhner!
Kommt aus den finsteren Kammern der
    Berechnungen heraus!
Draußen erstrahlt ja Griechenland im Sommer!
Färbt eure Stirn mit der Farbe des milden Frühjahrs,

sprecht mit den Sternen des Tages, befreit nun,
über die Geschichte dieser salzigen Erde,
die mit Feuer vernichtet das Gewürm.
Draußen erstrahlt ja Griechenland im Sommer!
All das rufen die Bienen aus, die Blumen und die
　　　Lerchen,
wie eine wohlfeile, kostenlose Ware,
für die sehr Armen,
für die sehr Schlichten,
für die, die sehr, sehr menschlich sind.

KRITON ATHANASOULIS

Aus dem Neugriechischen übersetzt von Otto Staininger

Poesie auf Reisen

Gestern, mittags um zwölf,
(Zeit der Sternwarte von Athen: punkt zwölf)
ist ein Dichter hier eingetroffen. Um zwölf.
Er trug einen weißen Anzug aus Rohseide
und eine Sonnenbrille à la MacArthur.
Er überließ seine Haare dem milden Südwind,
dann tauchte den Blick er in unsere Leiden.

«Unglückliche ... Nächstens, gewißlich, will ich
    mit euch fühlen ...
mit euch leiden nächstens, gewißlich ...
Doch heute – welch eine Pracht hier von purpurnen
    Blumen!
Und die Sonne, wie göttlich sie badet im Saronikos!
Heldentum, ach, wie ist es im Grunde barbarisch,
ja, ich fühls, es ist Barbarei und nichts andres.
Das Leben jedoch ist wie weiche Seide,
nichts andres!
Armer Ludemis, du bist also hier, du auch?
Eigensinniger Träumer,
die geballte Faust steht dir so schlecht ...
Auf Wiedersehn.»

Er ging, die Haare im Wind,
er ging, hoch tragend den leichten Kopf,
seinen Kopf, der einer Blase glich, die in Blut
    schwimmt.

Hier sah er nur: daß das Leben
weich ist wie Seide.
Nichts andres.

MENELAOS LUDEMIS

Aus dem Neugriechischen übersetzt von Paul Wiens

Melancholie der Ägäis

Welche Fügung der Seele an die abendlichen
    Taucherkönige
Welche Stille in den Stimmen des fernen Landes!
Der Kuckuck in den Bäumen das Tuch
Geheimnisvoller Ritus beim Mahl der Fischer
Und das Meer bläst Musik
Fernes Leid der Frau
Der schönen, die ihre Brust entblößte
Als die Erinnerung einfiel in die Nester
Und des Flieders Feuer den Abend besprühte!

Mit Schiff und Segel der Madonna
Flohen, behütet von den Winden
Die Geliebten der Lilienfremde
Wie aber verbarg hier die Nacht den Schlaf
Mit aufgelöstem Haar und den leuchtenden Hälsen
Oder an den weiten hellen Küsten
Und wie unter dem goldenen Schwert Orions
Verflog und zerfloß
Der Staub aus den Träumen der Mädchen
Voller Duft nach Basilikum und Minze!

Am Kreuzweg stand die alte Zauberin
Und entfachte die Winde mit Thymian

Biegsame Schatten wanderten leise
Mit einem Krug Johanniswasser in der Hand
Leicht, als gingen sie ein ins Paradies
Und aus der Grillen Andacht, die das Land erfüllte
Traten die Schönen mit mondgleicher Haut
Um auf der mitternächtlichen Tenne zu tanzen ...

O Zeichen, die ihr in die Tiefe
Des spiegelnden Wassers eingeht
Schimmernd wie sieben kleine Lilien

Wenn das Schwert Orions zurückkehrt
Wird es armes Brot unter dem Lämpchen finden
Aber eine Seele in der Glut der Sterne
Und große Hände, in die Unendlichkeit hinein
    verzweigt
Einsamen Tang, letzte Gaben der Küste
Smaragdene Jahre

O grüner Smaragd – welcher Seher sah
Dich bei der Geburt des Tages das Licht halten
Das Licht bei der Geburt beider Augen der Welt!

ODYSSEUS ELYTIS

mit Antigone Kasolea aus dem Neugriechischen übersetzt von Barbara Schlörb

Kore von der Akropolis

Vieles ist zu wissen, dies indessen
wird nicht mehr gewußt, zu klar und still
steigt es auf, dies Haupt, zu unermessen
dämmern seine Augen aus Beryll.

Alles Schicksal widerfährt ihm später,
da die Gegenwart es tief betäubt.
Innen träumend lächelt es im Äther,
den ein silberner April durchstäubt.

Und das Lächeln haucht auf jede Wange
einen Schatten, kaum daß man ihn glaubt.
Und im Schatten schwebt die ganze bange
Unschuld dieser Welt. O süßes Haupt!

MANFRED HAUSMANN

Unser Land ist verschlossen

Unser Land ist verschlossen, nichts als Berge
auf denen Tag und Nacht die niedrige Decke des
    Himmels liegt.

Wir haben keine Flüsse wir haben keine Brunnen
    wir haben keine Quellen,
einzig ein paar Zisternen, leer auch sie, in denen es
    widerhallt und zu denen wir beten.
Ein abgestandener Widerhall, hohl, er gleicht
    unserer Einsamkeit
gleicht unserer Liebe, gleicht unseren Leibern.
Es scheint uns seltsam daß wir einst bauen konnten
unsre Häuser unsre Hütten und Pferche.
Und unsere Hochzeiten, die frischen Kränze und
    Brotkringel
werden unserer Seele zu unauflöslichen Rätseln.
Wie kamen unsere Kinder zustand? wie wuchsen sie
    groß?

Unser Land ist verschlossen. Die zwei schwarzen
    Symplegaden
schließen es zu. Wenn wir am Sonntag
zu den Häfen hinabgehen um Luft zu holen
sehen wir im Abendrot leuchten
Holzstücke in Splittern von einer Fahrt die sie nicht
    vollendeten
Leiber die keine Weise mehr wissen zu lieben.

GIORGOS SEFERIS

Aus dem Neugriechischen übersetzt von Christian Enzensberger

Inhaltsverzeichnis

MORÉAS	O LUFTIG LEICHTER HIMMEL	7
KAZANTZAKIS	FEST DES LEBENS	8
ELYTIS	VERGESST NICHT MEIN LAND	17
SEFERIS	WIR DIE WIR AUSZOGEN	19
MELVILLE	ATTISCHE LANDSCHAFT	19
HÖLDERLIN	GRIECHENLAND	20
MERCOURI	ZEBEKIKOS IN DEN BOUZOUKILOKALEN	27
SAPPHO	ANMUT UND GOLDENE FÜLLE	30
BAUDELAIRE	LESBOS	32
JENS	DELOS	40
KAVAFIS	ITHAKA	42
BURCKHARDT	DAS ORAKEL VON DELPHOI	44
ANONYMER ANAKREONTIKER	WEINLESE	45
KAVAFIS	IN DER KIRCHE	46
LA COUR	PELOPONNESISCHE ABENDE	51
ZOLLINGER	GOLF VON ÄGINA	53
KAVAFIS	JONISCH	56
BYRON	SUNION	56
D'ANNUNZIO	DIE GRIECHISCHE TRAUBE	58
SIKELIANOS	GRIECHISCHE BAUERNHOCHZEIT	63
ATHANASOULIS	GRIECHISCHER APRIL	66
LUDEMIS	POESIE AUF REISEN	73
ELYTIS	MELANCHOLIE DER ÄGÄIS	75
HAUSMANN	KORE VON DER AKROPOLIS	77
SEFERIS	UNSER LAND IST VERSCHLOSSEN	77

Der Abdruck einiger Gedichte und Texte erfolgte mit freundlicher Genehmigung der Copyright-Besitzer:

Jean Moréas, «O luftig leichter Himmel», aus FRANZÖSISCHE SYMBOLISTEN, Verlag Lambert Schneider, Heidelberg; Nikos Kazantzakis, «Fest des Lebens», aus ODYSSEE, Verlag Kurt Desch GmbH, München; Odysseus Elytis, «Vergeßt nicht mein Land», aus AXION ESTI, und Gabriele d'Annunzio, «Die griechische Traube», aus LYRIK DES ABENDLANDES, Carl Hanser Verlag, München; Giorgos Seferis, «Wir die wir auszogen», und «Unser Land ist verschlossen», aus G. Seferis, POESIE, Marô Seferis, Athen; von Sappho von Mytilene, «Anmut und goldene Fülle», aus M. Hausmann, DAS ERWACHEN. LIEDER UND BRUCHSTÜCKE AUS DER GRIECHISCHEN FRÜHZEIT, S. Fischer Verlag GmbH, Frankfurt; Charles Baudelaire, «Lesbos», aus St. George, SÄMTLICHE WERKE, Verlag Helmut Küpper, Stuttgart; Walter Jens, «Delos», aus W. Jens, DIE GÖTTER SIND STERBLICH, Verlag Günther Neske, Pfullingen; Konstantin Kavafis, «Ithaka», «In der Kirche» und «Jonisch», aus GEDICHTE, Suhrkamp Verlag, Frankfurt; Paul La Cour, «Peloponnesische Abende», aus V.O. Stomps, ZYKLEN-BEISPIELSWEISE, Verlag Eremiten Presse, Düsseldorf; Albin Zollinger, «Golf von Ägina», aus GEDICHTE, Atlantis Verlag Zürich; Angelos Sikelianos, «Griechische Bauernhochzeit», aus GRIECHENLAND, Glock und Lutz Verlag, Heroldsberg; Odysseus Elytis, «Melancholie der Ägäis», aus O. Elytis, KÖRPER DES SOMMERS, Hans Rudolf Hilty, Zollikerberg; Manfred Hausmann, «Kore von der Akropolis», aus JAHRE DES LEBENS, Manfred Hausmann, Bremen. Melina Mercouri, «Zebekikos in den Bouzoukilokalen», aus ICH BIN ALS GRIECHIN GEBOREN, Mohrbooks, Zürich.

BILDNACHWEIS

Schutzumschlag: Patmos, Johanneskloster (Klaus D. Francke, Hamburg) – Seite 11: Kirche auf einem Inselchen in der Nähe der Insel Paros (Liz Carson, Paros) – 12/13: Chios (Klaus D. Francke, Hamburg) – 14: Hydra (Hans Heeßel; Bildarchiv Karlheinz Schuster/Hans Heeßel, Oberursel, BRD) – 23: Syros, Hermupolis (Carla Endl, Salzburg) – 24/25: Santorin, Thera (Klaus D. Francke, Hamburg) – 26: Athen, Plaka (Gerhard Klammet, Ohlstadt, BRD) – 35: Meteorakloster (Bildarchiv Hans Huber KG, Garmisch-Partenkirchen) – 36/37: Kreta (Klaus D. Francke, Hamburg) – 38: Athoskloster (Klaus D. Francke, Hamburg) – 47: Kirche Panaghia i Kera bei Kritsa (Bildarchiv Hans Huber KG, Garmisch-Partenkirchen) – 48/49: Olympia (Reinhard Dohls; Bildarchiv Joachim Kinkelin, Worms) – 50: Athen (Klaus D. Francke, Hamburg) – 59: Rhodos (Rainer Schuster; Bildarchiv Karlheinz Schuster/Rainer Waldkirch, Oberursel, BRD)–60/61: Patmos (Klaus D. Francke, Hamburg)–62: Mykonos (Leonardo Bezzola, Bätterkinden, CH) – 69: Spetse Edmond van Hoorick, Richterswil, CH) – 70/71: Lesbos (Klaus D. Francke, Hamburg) – 72: Fischer (Klaus D. Francke, Hamburg).